SCIENCE ET RELIGION

Études pour le temps présent

LES
MOTIFS D'ESPÉRER

Discours prononcé à Lyon le 24 novembre 1901

PAR

FERDINAND BRUNETIÈRE

de l'Académie française

Troisième édition.

PARIS

LIBRAIRIE B. BLOUD

4, RUE MADAME ET RUE DE RENNES, 59

1902

SCIENCE ET RELIGION

Études pour le temps présent. — Prix : 0 fr. 60 le vol.

— **Certitudes scientifiques et certitudes philosophiques**, par le R. P. DE LA BARRE, S. J., prof. à l'Institut catholique de Paris.   1 vol.
— *Du même auteur* : L'Ordre de la nature et le Miracle.   1 vol.
— **L'Ame de l'homme**, par J. GUIBERT, supérieur du séminaire de l'Institut catholique de Paris.   1 vol.
— **Faut-il une religion ?** par l'abbé GUYOT.   1 vol.
— *Du même auteur* : Pourquoi y a-t-il des hommes qui ne professent aucune religion ?   1 vol.
— **Nécessité scientifique de l'existence de Dieu,** par P. COURBET.   1 vol.
— *Du même auteur* : Jésus-Christ est Dieu.   1 vol.
      id.   Convenance scientifique de l'Incarnation.   1 vol.
— **Études sur la pluralité des mondes habités et le dogme de l'Incarnation,** par le R. P. ORTOLAN.
  I. — *L'Epanouissement de la vie organique à travers les plaines de l'infini.*   1 vol.
  II. — *Soleils et terres célestes.*   1 vol.
  III. — *Les Humanités astrales et l'Incarnation.*   1 vol.
— *Du même auteur :* La Fausse Science contemporaine et les Mystères d'Outre-tombe.   1 vol.
      id.   Vie et Matière ou Matérialisme et spiritualisme en présence de la Cristallogénie.   1 vol.
      id.   Matérialistes et Musiciens.   1 vol.
— **L'Au-delà ou la Vie future d'après la foi et la science,** par l'abbé J. LAXENAIRE.   1 vol.
— **Le Mystère de l'Eucharistie. — Aperçu scientifique,** par l'abbé CONSTANT.   1 vol.
— *Du même auteur:* Le Mal, sa nature, son origine, sa réparation.   1 vol.
— **L'Eglise catholique et les Protestants,** par G. ROMAIN.   1 vol.
— *Du même auteur :* L'Inquisition, son rôle religieux, politique et social.   1 vol.
— **Mahomet et son œuvre,** par I. L. GONDAL, professeur d'apologétique et d'histoire au séminaire Saint-Sulpice.   1 vol.
— *Du même auteur* : L'Eglise Russe.   1 vol.
— **Christianisme et Bouddhisme** (*Etudes orientales*), par l'abbé THOMAS, vicaire général de Verdun.   2 vol.
— *Du même auteur:* Dieu auteur de la vie.   1 vol.
      id.   La Fin du monde d'après la Foi.   1 vol.
— **Où en est l'hypnotisme,** son histoire, sa nature et ses dangers, par A. JEANNIARD DU DOT, auteur du *Spiritisme dévoilé.*   1 vol.
— *Du même auteur :* Où en est le Spiritisme.   1 vol.
      id.   L'Hypnotisme et la science catholique.   1 vol.
      id.   L'Hypnotisme transcendant en face de la philosophie chrétienne.   1 vol.

— L'Apologétique historique au XIXe siècle. La Critique irréligieuse de Renan, etc., par l'abbé Ch. DENIS. 1 vol.

— Nature et Histoire de la liberté de conscience, par l'abbé CANET. 1 vol.

— L'Animal raisonnable et l'Animal tout court, par C. de KIRWAN. 1 vol.

— La Conception catholique de l'Enfer, par l'abbé BRÉMOND. 1 vol.

— L'Attitude du catholique devant la Science, par G. FONSEGRIVE. 1 vol.

— Du même auteur : Le Catholicisme et la Religion de l'Esprit. 1 vol.

— Du Doute à la Foi, par le R. P. TOURNEBIZE, S. J. 1 vol.

— Du même auteur : Opinions du jour sur les peines d'outre-tombe. 1 vol.

— La Synagogue moderne, sa doctrine et son culte, par A. F. SAUBIN. 1 vol.

— Du même auteur : Le Talmud et la Synagogue moderne. 1 vol.

— Evolution et Immutabilité de la doctrine religieuse dans l'Eglise, par M. PRUNIER, supérieur de grand séminaire. 1 vol.

— La Religion spirite, son dogme, sa morale et ses pratiques, par I. BERTRAND. 1 vol.

— Du même auteur : L'Occultisme ancien et moderne. 1 vol.

— L'Hypnotisme franc et l'Hypnotisme vrai, par le Docteur HÉLOT. 1 vol.

— L'Eglise et le Travail manuel, par l'abbé SABATIER. 1 vol.

— Unité de l'espèce humaine, *prouvée par la similarité des conceptions et des créations de l'homme*, p. le marquis de NADAILLAC. 1 vol.

— Du même auteur : L'Homme et le Singe. 2 vol.

— Le Socialisme contemporain et la Propriété, par M. G. ARDANT. 1 vol.

— Pourquoi le Roman à la mode est-il immoral et pourquoi le Roman moral n'est-il pas à la mode ? p. G. d'AZAMBUJA. 1 vol.

— Comment se sont formés les Evangiles ? par le P. Th. CALMES, professeur au grand séminaire de Rouen. 1 vol.

— L'Impôt et les Théologiens, *Etude philosophique, morale et économique*, par le comte de VORGES, ancien ministre plénipotentiaire, membre de l'Académie de Saint-Thomas, etc., etc. 1 vol.

— Du même auteur : Les Ressorts de la Volonté et le libre arbitre. 1 vol.

— Nécessité mathématique de l'existence de Dieu. *Explications. — Opinions, Démonstrations*, par René de CLÉRÉ. 1 vol.

— Saint Thomas et la Question juive, par Simon DEPLOIGE, professeur de l'Université Catholique de Louvain. 1 vol.

— Premiers principes de Sociologie Catholique, par l'abbé NAUDET. 1 vol.

— La Patrie. — *Aperçu philosophique et historique*, par J. M. VILLEFRANCHE. 1 vol.

— Le Déluge de Noé et les races Prédiluviennes, par C. de KIRWAN. 2 vol.

— La Saint-Barthélemy, par Henri HELLO. 1 vol.

— L'Esprit et la Chair. *Philosophie des macérations*, par Henri LASSERRE, auteur de *Notre-Dame de Lourdes*, etc., etc. 1 vol.

— **Le Levier d'Archimède ou la Mécanique céleste et le Céleste mécanicien**, par le R. P. Ortolan. 2 vol.

— **Ce que le Christianisme a fait pour la femme**, par G. d'Azambuja. 1 vol.

— **L'Hypnotisme et la Stigmatisation**, par le Dr Imbert-Gourbeyre. 1 vol.

— **L'Education chrétienne de la Démocratie**, *essai d'apologétique sociale*, par Ch. Calippe. 1 vol.

— **La Religion catholique peut-elle être une science ?** par l'abbé G. Frémont. 1 vol.

— *Du même auteur :* **Que l'Orgueil de l'Esprit est le grand écueil de la Foi**, *Théodore Jouffroy. Lamennais, Ernest Renan.* 1 vol.

— **La Révélation devant la Raison**, par F. Verdier, supérieur de Grand Séminaire. 1 vol.

— **Confréries musulmanes.** — *Histoire, Discipline, Hiérarchie*, par le R. P. Petit. 1 vol.

— **Pratique de la Liberté de conscience dans nos Sociétés contemporaines**, par l'abbé Canet. 1 vol.

— **Comment peut finir l'Univers**, d'après la science, par C. de Kirwan. 1 vol.

— **Les Théories modernes de la Criminalité**, par le Docteur Delassus. 1 vol.

— **Faillite du Matérialisme**, par Pierre Courbet, 3 vol. *se vendant séparément :*

    I. — *Historique.* 1 vol.

    II. — *Discussion ; l'atome et le mouvement.* 1 vol.

    III. — *Discussion ; l'éther, les gaz, l'attraction. Conclusion. — Appendice.* 1 vol.

— **Le Globe terrestre**, par A. de Lapparent, Membre de l'Institut, professeur à l'Ecole libre des Hautes Etudes, 3 vol. *se vendant séparément.*

    I. — *La Formation de l'écorce terrestre.* 1 vol.

    II. — *La nature des mouvements de l'écorce terrestre.* 1 vol.

    III. — *La Destinée de la terre ferme et la Durée des temps.* 1 vol.

— **De la Connaissance du Beau**, *sa définition, application de cette définition aux beautés de la nature*, par l'abbé Gaborit, archiprêtre de la Cathédrale de Nantes. 1 vol.

— **Le Diable dans l'Hypnotisme**, par le docteur Ch. Hélot. 1 vol.

— **De la Prospérité comparée des nations protestantes et des nations catholiques**, *au point de vue économique, moral, social*, par le R. P. Flamérion, S. J. 1 vol.

— **L'Art et la Morale**, par le P. Sertillanges, dominicain, docteur en théologie. 1 vol.

— **La Sorcellerie**, par I. Bertrand. 1 vol.

— **Qu'est-ce que l'Ecriture sainte ?** *Les Livres inspirés dans l'antiquité chrétienne : Théorie de l'inspiration*, p. le P. Th. Calmes. 1 vol.

— **Les Morts reviennent-ils ?** par I. Bertrand. 1 vol.

(Demander la liste **complète** *des volumes* **Science et Religion***, parus à ce jour).*

Imp. des Orph.-Appr. d'Auteuil, F. Bléut, 40, rue La Fontaine, Paris.

LES MOTIFS D'ESPÉRER

SCIENCE ET RELIGION
Études pour le temps présent

LES
MOTIFS D'ESPÉRER

Discours prononcé à Lyon le 24 novembre 1901

PAR

FERDINAND BRUNETIÈRE
de l'Académie française

PARIS
LIBRAIRIE B. BLOUD
4, RUE MADAME ET RUE DE RENNES, 59
1902

COLLECTION SCIENCE ET RELIGION

LES MOTIFS D'ESPÉRER

Messieurs,

Il y a de cela précisément un siècle, à la veille du Concordat, et de la publication du *Génie du Christianisme,* qui sont, dans l'histoire des idées, les deux grands événements de l'année 1802, si quelqu'un eût osé prophétiser la renaissance religieuse qui se préparait alors de toutes parts, comment croyez-vous que l'eussent accueilli, je veux dire par quelles plaisanteries et par quels sarcasmes, les hommes de *la Décade,* — c'était le journal philosophique de l'époque, — les Condillaciens, les idéologues, et généralement tous ceux qui, dans une France bouleversée, mais transformée cependant par la Révolution, persistaient toujours à ne rien être de plus que les dépositaires et les continuateurs de l'esprit de Voltaire et de l'*Encyclopédie?* La situation politique est aujourd'hui meilleure (1), quelques fortes raisons que nous ayons de nous en plaindre, à plus d'un égard. La religion n'est pas proscrite; les églises ne sont pas fermées ni le culte interdit... Mais la situation intellectuelle ne diffère pas beaucoup de ce qu'elle était alors. Aujourd'hui comme alors, dans les milieux « intellectuels », c'est la superstition d'une fausse science qui fait toujours le principal obstacle à la vérité de la religion. Aujourd'hui comme alors, et par les mêmes moyens, c'est le même antagonisme que l'on s'efforce d'entretenir ou d'exaspérer, pour mieux dire, entre le progrès et le christianisme. Et, aujourd'hui comme alors, pour les mêmes motifs, ce sont bien les mêmes ennemis qui s'acharnent à la même œuvre de haine et de destruction. Je m'attends donc aussi qu'à vous parler des « motifs d'espérer », je vais provoquer les

---

(1) A cette constatation, dont je croyais que les phrases qui suivent expliquaient assez l'optimisme relatif, quelqu'un m'a répondu par Bonaparte et la paix d'Amiens.

Il est difficile de se faire comprendre !

mêmes ironies. Mais je suis de ceux qui ne s'en soucient guère ! L'ironie, qui ne tue personne, quoi qu'on en puisse dire, n'a jamais intimidé que ceux qui ne savent pas, à qui l'on n'a pas assez dit que l'ironie n'était le plus souvent qu'une forme de l'inintelligence. Un peu partout, — mais surtout en France, — nous commençons par nous moquer de ce que nous n'entendons pas ; et Voltaire lui-même, cet homme de tant d'esprit, quand il ne comprend pas, c'est alors qu'il se tire d'affaire par une arlequinade. S'il comprenait, il essaierait de répondre, il discuterait, — et c'est ce qu'il fait quand il comprend, — mais, au lieu de répondre, s'il fait de l'ironie, c'est qu'il n'a rien à dire. Son ironie n'est que le masque ou le déguisement de son impuissance. Il ne ricane que de ne pouvoir mieux faire ! Et voilà pourquoi, Messieurs, si son ironie n'a jadis empêché d'être eux-mêmes ni Chateaubriand, ni Joseph de Maistre, ni le premier Lamennais, ce n'est sans doute pas celle du pharmacien Homais qui nous découragera de nos motifs d'espérer.

Nous ne nous laisserons pas davantage intimider ni détourner de nos espérances par la violence des haines que nous sentons gronder autour de nous ; et, au contraire, nous y trouverons, j'y trouverais volontiers, pour ma part, un premier motif d'espérer. Comment cela, me demanderez-vous ? C'est que, Messieurs, si nous pouvions jamais douter de la solidité de notre cause, les assauts qu'on nous donne suffiraient à nous rassurer. On nous attaque, donc nous sommes! et si nous n'existions pas, on nous laisserait assurément tranquilles ! Condition de la vie, la lutte en est aussi la preuve. Et il est possible, Messieurs, que la paix nous fût plus agréable! Nous aspirons tous au repos. Mais le repos n'est pas de ce monde ; et, en réalité, quand la paix se fait autour de nous ou des idées qui nous furent chères, c'est le commencement de la mort. *Ubi solitudinem faciunt, pacem appellant.* On ne se sentirait pas vivre si l'on n'avait pas d'adversaires.

Ne nous émouvons donc ni du nombre ni de l'acharnement de ceux qui nous attaquent, et plutôt, osons nous en féliciter. Ils savent ce qu'ils font, et que nous sommes ce qu'on appelle « une force ». Leur fureur ne procède que de ce qu'ils ne peuvent ni nous mépriser, ni nous dédaigner, ni surtout nous ignorer. Nous nous imposons à eux, nous, notre nombre, nos doctrines, nos idées, le progrès qu'elles font tous les jours, la peur qu'ils ont de leur en voir faire davantage, notre confiance, et nos espérances. Bien loin que ce soit leur colère, c'est leur indifférence qu'il nous faudrait redouter ! Née dans les persécutions, grandie parmi les hérésies, consolidée par les controverses, ce serait si l'Église n'avait plus d'adversaires qu'il nous faudrait désespérer des promesses de son fondateur. Mais aussi longtemps que durera la lutte, elle vivra ; et nous vivons ! nous vivons, de la seule vie qui soit digne d'être vécue : c'est celle qui se subordonne, qui se dépense, qui se sacrifie, s'il le faut, à des fins plus élevées qu'elle-même ! Et, Messieurs, c'est ce que je veux dire, en vous signalant, dans la violence même des haines qui nous assaillent, un premier motif d'espérer.

I

Je dis : un premier, car, vous entendez bien qu'il y en a d'autres ; il y en a de moins généraux, de plus précis ; et — quoi que de certains pessimistes en puissent dire, — nous n'avons, pour les apercevoir, ces motifs d'espérance, qu'à promener nos regards autour de nous. N'en est-ce pas un, que l'intérêt que nous voyons que l'on prend aux questions religieuses, l'ardeur de passion, l'âpreté même avec laquelle on les discute, l'importance qu'on est unanime à leur reconnaître dans l'histoire éternelle de l'humanité (1) ?

(1) Je voudrais répondre, dans cette note, à ceux qui m'ont objecté qu'il y a trente-cinq ans, on apprenait le catéchisme dans les écoles, et qui m'ont plaint là-dessus, très charitablement, d'avoir été bien mal élevé.

J'en appelle aux hommes de mon âge ! On nous élevait, il y a trente-cinq ans, non pas précisément dans l'ignorance, mais dans l'insouciance et dans l'incuriosité de ces questions. Elles n'étaient pour nous que des questions historiques, questions d'école, questions de cabinet, dont on se gardait bien de nous

Si donc on essaie de distinguer les époques, plus soigneusement ou avec plus de précision que je ne le pouvais faire dans un seul discours, et dont ce n'était pas le principal objet, on s'apercevra, je crois, qu'après s'être posées comme « politiques » dans la première partie du dernier siècle, et notamment dans les écrits de Joseph de Maistre, de Bonald et de Lamennais, les questions religieuses ont surtout été traitées comme « historiques » dans la seconde, c'est-à-dire de 1840 à 1875, et qu'enfin dans la troisième elles se sont posées comme « sociales ». Cela ne veut pas dire, on l'entend bien, que la question des « rapports de l'Eglise et de l'Etat », par exemple, ne soit toujours, au premier chef et nécessairement, une question politique ; et je ne prétends pas que la question des « rapports du quatrième Évangile avec les Synoptiques » ne continue d'être avant tout une question d'exégèse et d'histoire ; mais cela veut dire qu'au delà de ces questions, et de quelque manière qu'on les décide, il y en a d'autres, auxquelles elles sont étroitement liées, qu'elles ne font en quelque façon qu'*introduire*, et qui tiennent elles-mêmes par toutes leurs racines à ce qu'il y a de plus essentiel dans la constitution ou dans l'évolution des sociétés humaines. « C'est une prétention souvent exprimée par des théologiens de pensée libre, a écrit D.-F. Strauss dans la *Préface* de sa *Nouvelle vie de Jésus*, 1864, que de ne poursuivre dans leurs recherches qu'un intérêt purement historique » ; — et selon toute apparence il songeait à Renan, — « *mais,* continue-t-il, *je tiens cela pour impossible, et ne pourrais l'approuver, si je le croyais possible.* Quand on écrit sur les maîtres de Ninive ou sur les Pharaons d'Egypte, on peut n'avoir qu'un intérêt

montrer le rapport avec la vie, et, au fait, si on ne nous le montrait pas, c'est probablement qu'on ne le voyait pas, on ne le sentait pas.

Que chacun dans sa foi cherche en paix la lumière !

Ce vers célèbre, — il est de Voltaire, dans ses *Guèbres* ou dans son *Olympie,* — passait

historique, mais le christianisme est une puissance tellement vivante, et la question de ses origines implique de si graves conséquences pour le présent le plus immédiat, qu'il faudrait plaindre l'imbécillité des critiques qui ne porteraient à ces questions qu'un intérêt purement historique. » Si l'imbécillité de ces critiques a été celle de toute une génération, je considère comme un grand gain que l'on ose aujourd'hui la nommer de son vrai nom ! Historique ou politique, la pensée contemporaine s'est rendu compte qu'il n'y avait pas une question religieuse qui ne soit « fonction » d'une question sociale, ou réciproquement. Et, — puisque je la prenais pour exemple — on ne saurait proposer une solution de la question des « rapports de l'Église et de l'État » qui n'implique une opinion sur la fonction de l'Église, et donc sur l'objet même de la religion.

Que si maintenant le courant est de ceux que l'on ne remonte point, et, depuis qu'on a commencé de la discerner, si l'on ne perdra sans doute plus de vue cette connexion ou cette solidarité de la question religieuse et de la question sociale, nous avons certes raison d'y voir un « motif d'espérer ». L'illusion dont s'était flatté le rationalisme ne consistait-elle pas effectivement à croire que la science, telle du moins qu'il l'entend, finirait par reléguer la religion au rang des *impedimenta* dont l'humanité devrait nécessairement s'alléger dans sa marche vers le progrès ? Et voici qu'au contraire, les besoins auxquels répond la religion nous apparaissent, de jour en jour, non seulement comme plus impérieux, — ce qui pourrait n'être après tout qu'un effet des circonstances, — mais comme plus étroitement liés aux conditions mêmes du développement de l'humanité.

en ce temps-là pour le dernier mot de l'esprit critique et de la sagesse philosophique. Mais nous savons aujourd'hui l'importance de ces questions, et surtout nous en savons le rapport avec la vie. Nous savons qu'aucune croyance n'est indifférente ou étrangère à l'action. Nous le savons si bien, que c'est même un des points où se porte le plus vigoureux effort de nos adversaires quand, par exemple, nous les voyons chercher à la morale un autre fondement que celui de l'idée religieuse (1). Nous sentons, tous ensemble, qu'il y va de toute la conduite. Et que cela, Messieurs, soit de nos jours universellement senti ; qu'on le sente, et qu'on le pressente vrai de l'avenir comme on le sait vrai du passé ; et que les esprits les plus opposés se rencontrent, pour se contredire, mais pour s'inquiéter également des « bases de la

(1) Les premiers des modernes qui aient entrepris de constituer une morale « purement laïque » sont Erasme et Rabelais ; et il est bon de savoir qu'autant pour le moins qu'à l'autorité de l'Église, c'est à eux, et à l' « amoralité » de leur morale nouvelle que se sont opposés un Luther et un Calvin.

croyance » ou de la « crise de foi », avons-nous tort d'y voir un « motif d'espérer » ?

Aurons-nous tort d'en voir un autre dans le progrès croissant du « catholicisme social » et de la « démocratie chrétienne » ? Si je conserve quelques doutes sur le sens vrai de la première de ces deux expressions, — ne réussissant pas à comprendre, comme je l'ai dit, ce que ce serait qu'un « catholicisme » ou un « christianisme » qui ne serait pas « social », — nous avons le droit, vous le savez, Messieurs, d'user de la seconde, et je ne m'en fais donc plus aujourd'hui de scrupule (1). Mais ici encore, si nous ne connaissions pas assez la nature et si nous n'avions pas mesuré la grandeur de nos espérances, ici encore, nous n'aurions, pour nous en rendre compte, qu'à écouter la clameur de nos adversaires. L'œuvre sociale de son pontificat, l'encyclique *Rerum novarum*, tant d'allocutions et tant d'actes qui n'en sont

(1) Voyez les *Raisons actuelles de croire.*

que le commentaire, tant de conséquences qui en sont résultées, voilà ce qu'ils ne pardonnent pas au Pape Léon XIII, cela, Messieurs, et l'éclatant démenti donné par ces « directions nouvelles », à l'odieuse caricature qu'ils se sont complu si longtemps à tracer du catholicisme. Je n'insiste pas ; je n'ai pas besoin d'insister. Les plus aveugles d'entre eux s'accordent à reconnaître que la force du christianisme est aujourd'hui surtout « sociale », et c'est la grande raison qu'ils donnent de l'acharnement qu'ils déploient contre lui. Nous aurions, nous, trop beau jeu de montrer qu'à cet égard nos « motifs d'espérer » se tirent donc du même fonds que leurs motifs de nous combattre. Si la vraie démocratie, la bonne, consiste en un constant et perpétuel effort vers une égalisation progressive des conditions des hommes, ils sentent confusément que l'idéal futur ne s'en réalisera jamais que dans et par le christianisme. Peut-il y avoir pour nous de plus puissant « motif d'espérer » ? et que serait-ce,

Messieurs, si, dans cette ville de Lyon, où ces « motifs d'espérer » se sont pour ainsi dire incarnés en tant d'œuvres, je voulais en montrer toute la fécondité ?

Mais il y a d'autres motifs encore, il y en a d'aussi puissants, et qui sont ceux que je voudrais surtout essayer de développer aujourd'hui. Quand j'ai parlé, naguère, des *Raisons actuelles de croire*, j'ai cru devoir insister sur leur signification et leur portée sociales. Aujourd'hui, Messieurs, ce sont particulièrement les *Motifs intellectuels d'espérer* que je voudrais vous signaler. Il semble que, depuis quelque temps, on ait comme une tendance à les subordonner aux motifs sociaux ; et, dans notre âge démocratique, cette tendance est naturelle. Il ne faudrait pas qu'elle devînt exclusive. Ce seront toujours les idées qui gouverneront le monde ; ce sera toujours, en dernière analyse, la pensée qui déterminera la forme et la direction de l'action sociale, le caractère même, et l'organisation des œuvres.

Le vrai Dieu, le Dieu fort est le Dieu des idées,

a dit un grand poète, et moins qu'à personne il nous est permis de l'oublier, nous, qui nous glorifions d'être le pays de Pascal, de Bossuet et de Malebranche. J'ajoute que, sur le terrain de l'action sociale, et même de la « solidarité », si nos adversaires sont comme obligés, en grinçant des dents, de reconnaître la supériorité du christianisme, c'est, au contraire, sur le terrain intellectuel et dans le domaine des idées, qu'ils affectent de se croire victorieux. Mais je crois qu'ils se trompent. Quelque légitime espérance que nous puissions mettre, et que moi-même je mette le premier dans l'action sociale du christianisme, je n'en mets pas une moindre, ni, je le crois, une moins justifiée, dans son avenir intellectuel. Je voudrais vous montrer que j'ai raison, que nous avons raison de l'y mettre, et, mieux que cela ! j'en voudrais arracher l'aveu à nos adversaires eux-mêmes.

Il nous suffira, pour y réussir, de changer à leur égard de tactique ou de méthode. Nous

ne savons pas user d'eux : il faut apprendre
à nous en servir. Convaincus que nous sommes, et à bon droit, de la fausseté de leurs
conclusions, nous les attaquons, nous les
combattons, nous nous efforçons de les
anéantir en bloc, pour ainsi parler, et, natu-
rellement, Messieurs, nous n'y réussissons
pas. Nous n'y réussissons pas, parce qu'en ces
matières surtout, il n'y a guère d'erreur où ne
se mêle un peu de vérité. J'avoue tout de
suite qu'en parlant ainsi, je songe particulièrement à deux hommes, dont on pensera
d'ailleurs tout ce que l'on voudra, mais dont
nous ne ferons pas, Messieurs, ni nous ni
personne, qu'ils n'aient renouvelé la pensée
du dix-neuvième siècle : Auguste Comte et
Charles Darwin. Comme nous ne pouvons
accepter ni le « monisme » ou l'« évolutionnisme » de l'un, ni le « positivisme » de
l'autre en toutes leurs conclusions, nous
condamnons, et si je l'ose dire, nous exorci-
sons, nous excommunions le « positivisme »
et l' « évolutionnisme », sans y regarder

de plus près. Nous ne détachons pas leurs conclusions de leurs prémisses. Nous leur faisons ce grand honneur de croire qu'ils ont toujours parfaitement raisonné. Je crains, Messieurs, que ce ne soit de notre part une grande maladresse ! Il y a du bon dans le positivisme et dans l'évolutionnisme ; il doit y en avoir ; il ne se peut pas, Messieurs, qu'il n'y en ait pas. La théologie classique n'a pas regardé à reprendre son bien, même chez les hérétiques, dans un Origène ou dans un Tertullien, ni chez les païens, dans Aristote et dans Platon. Pourquoi l'apologétique serait-elle aujourd'hui plus étroite ou plus dédaigneuse ? Je me rappelle un mot du grand Frédéric sur Voltaire, qu'on s'étonnait qu'il comblât de tant d'honneurs et de tant de faveurs : « C'est un scélérat, disait-il, mais je veux apprendre son français » ; et en effet il l'apprit. A Dieu ne plaise, Messieurs, que je traite Auguste Comte ou Darwin avec cette liberté de langage ! Le privilège n'en appartient qu'à des princes, ou du moins ils sont les seuls qui se l'osent attribuer : les princes et les journalistes. Mais vous entendez ce que je veux dire. Apprenons, nous aussi, le « français » de nos adversaires ! Étudions-les loyalement, avec précaution, mais sans parti pris, ou plutôt avec le parti pris de chercher le fort de leur doctrine. Rappelons-nous le début militaire du *Sermon sur la Providence*, et « bâtissons les forteresses de Juda des débris et des ruines de celles de Samarie (1) ». Tournons contre eux les dispositions qu'ils ont prises contre nous. Ou encore, et puisque d'un système, il n'y

(1) Je reproduis ici ce début tout entier : premièrement, parce que j'aime toujours à citer du Bossuet ; et puis, comme je le dis plus loin, parce que je ne saurais invoquer d'autorité plus éloquente à l'abri de laquelle je puisse mettre la thèse de tout ce discours :

« Nous lisons dans l'Histoire Sainte que le roi de Samarie ayant voulu bâtir une place forte qui tenait en crainte et en alarme toutes les places du roi de Judée, ce prince assembla son peuple, et fit un tel effort contre l'ennemi, que non seulement il ruina cette forteresse, mais qu'il en fit servir les matériaux pour construire deux grands châteaux par lesquels il fortifia sa frontière. Je médite aujourd'hui, Messieurs, de faire quelque chose de semblable, et dans cet exercice pacifique je me propose l'exemple de cette entreprise militaire. Les libertins déclarent la guerre à la Providence divine, et ils ne

a jamais que les morceaux qui soient bons, ramassons-les, Messieurs, je le dis sans nulle vanité, et faisons-les servir à l'édification ou à la restauration de la vérité.

II

Quand je dis, Messieurs, qu'il y a du bon dans le positivisme, je l'entends donc du vrai positivisme, celui qui n'a pas été rétréci, mutilé, travesti par cet excellent lexicographe et pauvre philosophe d'É. Littré (1).

trouvent rien de plus fort contre elle que la distribution des biens et des maux, qui paraît injuste, singulière, sans aucune distinction entre les bons et les méchants. C'est là que les impies se retranchent comme dans leur forteresse imprenable, c'est de là qu'ils jettent hardiment leurs traits contre la Sagesse qui régit le monde, se persuadant que le désordre apparent des choses humaines rend témoignage contre elle. Assemblons-nous, chrétiens, pour combattre ces ennemis du Dieu vivant ; renversons les remparts superbes de ces nouveaux Samaritains. Non contents de leur faire voir que cette inégale dispensation des biens et des maux du monde ne nuit en rien à la Providence, montrons au contraire qu'elle l'établit ; prouvons par le désordre même qu'il y a un ordre supérieur qui ramène tout à soi par une loi immuable ; et bâtissons les forteresses de Juda des débris et des ruines de celles de Samarie. »

(1) Les journalistes sont admirables ! J'en sais un qui m'a reproché d'avoir « grossièrement injurié Littré », pour l'avoir traité « d'excellent lexicographe et de pauvre philosophe » ! Ce doit

Comment d'ailleurs n'y en aurait-il pas, si l'auteur des *Soirées de Saint-Pétersbourg* et du livre *Du Pape,* Joseph de Maistre, n'a pas moins contribué que l'auteur du *Tableau des progrès de l'esprit humain,* Condorcet, à la formation de la pensée d'Auguste Comte ? Et, au fait, pour ne rappeler que ce point, peu d'historiens ont mieux caractérisé qu'Auguste Comte, à la suite et sur les traces de Joseph de Maistre, le rôle de la Papauté au moyen âge, ou les conséquences toujours irréparées de la Réforme du seizième siècle (1) !

être le même qui m'accuse d'avoir « blasphémé » quand j'ai dit que la chimie, même organique, ne me semblait avoir qu'un droit douteux à revendiquer la direction morale de l'humanité. *Sed nos vera rerum amisimus vocabula !* Les journalistes connaissent tous les mots de la langue, et ils n'ignorent que l'art de s'en servir. Ils en connaissent aussi qui ne sont pas de la langue, ou du moins de la langue des honnêtes gens, et ce sont ceux dont ils usent de préférence dans les polémiques. Par exemple, ils feignent de s'étonner que l'on ose traiter Littré de « pauvre philosophe, » ce qui prouve bien qu'ils ne l'ont jamais lu, mais en s'en étonnant ils vous traitent vous-même de « cuistre », et cela fait le compte, ainsi qu'ils disent en leur jargon d'estaminet. Existe-t-il un pays au monde où une certaine presse fasse une plus grande consommation de grossièretés et d'injures qu'en France ?

(1) Les déclarations d'Auguste Comte sont formelles à cet égard, et il suffira d'en rappeler une seule, qu'on trouve dans la préface de son *Catéchisme.* Il vient de répudier énergiquement toute parenté philosophique « avec les débris arriérés des sectes

Voici encore, d'Auguste Comte, une page sur la prière : « Une grossière appréciation représente aujourd'hui cet usage religieux comme inséparable des intérêts chimériques qui l'inspirèrent aux premiers hommes. Mais la systématisation catholique tendit toujours à l'en dégager... Depuis saint Augustin, toutes les âmes pures ont senti... que prier peut n'être pas demander. A mesure que prévaudra la vraie théorie de la nature humaine, on concevra mieux cette haute fonction... et, dans l'état normal de l'humanité,

superstitieuses et immorales émanées de Voltaire et de Rousseau », et il continue : « Sous l'aspect politique, Condorcet dut être pour moi complété par de Maistre, *dont je m'appropriai dès mon début tous les principes essentiels,* qui ne sont plus appréciés maintenant que dans l'École positive. »

Je pose là-dessus trois questions à mes contradicteurs :

1° Puisque Auguste Comte déclare s'être « approprié » les « principes essentiels » de J. de Maistre, nous étonnerons-nous qu'on puisse reconnaître dans le positivisme des traces de cette appropriation ?

2° En devenant positivistes, ces principes ont-ils cessé pour cela d'être catholiques, et n'avons-nous pas le droit de les reprendre, nous, dans le positivisme ?

3° Si le positivisme a pu faire son profit des principes de J. de Maistre, pourquoi ne ferions-nous pas le nôtre, à notre tour, des principes du positivisme, en tant qu'il contiennent, qu'ils développent, et qu'au besoin ils fortifient ceux de l'auteur *Du Pape* et des *Soirées de Saint-Pétersbourg ?*

la prière, purifiée de tout calcul personnel, deviendra, selon sa vraie destination morale, une solennelle effusion, individuelle ou collective, des sentiments généreux, toujours liés aux vues générales. Le positivisme en prescrira la pratique journalière comme propre à combattre les impulsions égoïstes et les idées étroites qu'inspire ordinairement la vie active (1). » Et, à la vérité, j'ai dù, Messieurs, en citant ces lignes, supprimer quelques membres de phrase, et je ne saurais omettre de dire que, dans le texte du philosophe, elles sont précédées et suivies de considérations bien étranges ! Mais précisément, c'est ce que j'espère, et c'est ce que je vous propose : dans ce grand et massif édifice de la *Philosophie positive,* il y a lieu de faire un choix des matériaux. Faisons-le. Distinguons et séparons. N'hésitons pas à nous approprier ce qui peut nous en servir. Mettons-y hardiment notre marque. La vérité

(1) *Système de Politique positive,* I, 260.

est à tout le monde, et s'il arrive que nos
adversaires l'aient éloquemment exprimée,
ne la repoussons, ni ne la dédaignons, ni ne
la méconnaissons parce qu'ils sont nos adversaires, ni parce qu'elle est mélangée d'erreur. Sachons gré au contraire à un Auguste
Comte d'avoir plus éloquemment que personne défendu le mariage chrétien en dé-
fendant l'indissolubilité du mariage ; et si
le positivisme a hautement proclamé que
« le cœur a ses raisons que la raison ne
connaît pas toujours », ne commettons pas
l'insigne maladresse de le lui reprocher
comme une contradiction avec lui-même, et,
au contraire, enregistrons son aveu, puisque
c'en est un, avec d'autant plus d'empres-
sement qu'il était moins attendu (1).

Mais, Messieurs, ce n'est rien encore, et

(1) On lit dans la *Revue du Clergé français,* livraison du
15 décembre 1901, sous la rubrique : « A travers les pério-
diques » et à la page 218 :
« *Quelques remarques sur les idées de M. Brunetière,* par
un professeur. Estime et, à notre avis assez justement, que les
motifs d'espérer exposés par M. Brunetière ne sont pas d'un
grand poids, *particulièrement les motifs intellectuels.*
Assurément il y a du bon, et il y a à prendre dans le posi-

du positivisme mieux entendu, mieux compris, nous pouvons tirer de bien autres secours, et par conséquent de bien autres « motifs d'espérer ». Oui, Messieurs, pensons d'ailleurs et disons ce que nous voudrons du positivisme en général, et d'Auguste Comte en particulier, mais, comme chrétiens et comme catholiques, ne méconnaissons ni la solidité de leur point de départ, ni la valeur de leur méthode, ni la portée de quelques-unes au moins de leurs conclusions, et précisément les plus générales et les plus « positives ».

tivisme de Comte et dans l'évolutionnisme de Darwin, mais fort peu de positivistes imiteront M. Brunetière dans sa conversion au catholicisme. »

C'est bien possible ! et je ne croyais pas m'être donné le ridicule de « prophétiser » ce que j'espère ; et puis, « s'il y a du bon et s'il y a à prendre dans le positivisme et dans l'évolutionnisme » ai-je dit autre chose ? et pourquoi mes « motifs d'espérer » ne sont-ils pas d'un grand poids ?

Mais on lit dans la même *Revue,* même livraison, sous la même rubrique, page 212 :

« *Positivisme et Catholicisme,* par J. E. Fidao. *Le publiciste et le philosophe de grande valeur* qui se cache sous ce pseudonyme, veut montrer le parti apologétique que le catholicisme peut tirer de la *méthode positive,* aussi bien que des travaux des positivistes, et comment le positivisme intégral vient se perdre dans le catholicisme social. »

C'est ce qui s'appelle juger équitablement, ou n'avoir qu'une mesure et qu'un poids, — un grand poids !

Que l'évolution des idées a des tours et des retours bizarres : *corsi e ricorsi !* L'Université de France, pendant soixante ans, a cru fermement qu'en opposant au positivisme sa méthode psychologique d'introspection ou d'observation du Moi par lui-même, elle soutenait contre Auguste Comte la cause du spiritualisme (1) ! Mais elle ne soutenait que celle du *subjectivisme,* et le *sub-*

(1) L'a-t-elle vraiment cru ? J'avoue que je me le suis demandé quelquefois, en songeant combien les Cousin et les Jouffroy ont toujours su mêler dans leur philosophie de politique, et j'oserai dire d'intrigue. Assurément Auguste Comte n'a pas été plus opposé qu'eux, plus hostile au catholicisme, ou même au christianisme en général, mais il l'a été plus « maladroitement », il en faut bien convenir, en l'étant plus « loyalement ». Les livres dont nous n'avons rien à tirer, c'est *le Vrai, le Beau et le Bien*, c'est le *Cours de droit naturel*; c'est encore, si l'on le veut, *la Religion naturelle*, de Jules Simon, et c'est *la Morale*, de Paul Janet. Mais, si l'on ne saurait rien imaginer de plus pauvre « philosophiquement », on ne saurait rien imaginer de plus habile « politiquement », que cette laïcisation sournoise du christianisme qui fait le fond de l'éclectisme.

Comment l'Église, pendant un temps, a-t-elle pu s'y méprendre ? Comment, dans ces prétendus philosophes, a-t-elle pu méconnaître les héritiers dégénérés, si l'on veut, mais légitimes et naturels pourtant, de Voltaire et de Rousseau ? Le Dieu « rémunérateur et vengeur » de l'un; la phrase vide et sonore de l'autre : « Si la vie et la mort de Socrate sont d'un sage, celles de Jésus sont d'un Dieu » : voilà toute la théodicée de l'éclectisme. Comment l'Église n'a-t-elle pas vu que tout ce spiritualisme n'était au fond que du subjectivisme, du Kant greffé sur du Descartes, et tous les deux défigurés d'ailleurs par la grandilo-

jectivisme, vous le savez, Messieurs, c'est précisément une des grandes erreurs que nous devions combattre, s'il n'est, à vrai dire, que le nom pédantesque et obscur de ce qu'on appelait autrefois plus clairement et plus simplement, « le sens propre, ou individuel ». Ne recevoir aucune chose pour vraie qu'on ne la connaisse évidemment être telle, — ce qui équivaudrait pour la plupart des hommes à repousser les conclusions les plus certaines

quence de V. Cousin ou la subtile bonhomie de J. Simon. Le positivisme a essayé de substituer son « autorité spirituelle » à celle de l'Eglise, et sa religion de l'humanité à la religion du Christ : l'éclectisme, plus perfide ou plus hypocrite, a feint de s'incliner devant l'Eglise, pour travailler plus tranquillement à mettre les intellectuels en état de se passer de toute religion. Et, sans doute, on dira qu'il n'y a pas réussi, — ce qui pourrait nous être encore un « motif d'espérer », — mais ce n'est pas présentement le point. Ce que je voudrais uniquement que l'on vît, et sur quoi j'attire l'attention du lecteur, c'est qu'il nous faut toujours nous défier de l'éclectisme, et c'est donc aussi qu'il existe toujours. La « philosophie » de Renan, si toutefois Renan eut une philosophie, ne diffère pas essentiellement de celle de V. Cousin, qui en est à peine une, mais plutôt, je le répète, une tactique ou une politique. A la base de tout cela, c'est toujours le *subjectivisme* que l'on retrouve, et c'est pourquoi personne n'a parlé d'Auguste Comte plus désobligeamment que Renan. Le positivisme était pour lui l'ennemi ! Et en effet, comme on le verra dans la suite de ce discours, on n'a pas besoin d'une autre critique ni d'une autre méthode que celle du positivisme pour faire écrouler l'élégant édifice des *Origines du Christianisme.*

de la science, de l'astronomie, par exemple, ou de la physiologie ; — ériger sa propre intelligence en souverain juge de toutes choses ; faire ainsi, de son degré d'éducation ou de culture, l'unique mesure de la vérité ; ne déférer, sous aucun prétexte, pour aucun motif que ce soit, à aucune autorité ; se retrancher orgueilleusement dans son Moi, comme dans une forteresse, comme dans « une île escarpée et sans bords » que l'on mettrait son point d'honneur à défendre principalement contre l'invasion du bon sens ; ne pas admettre enfin qu'il puisse y avoir dans le monde plus de choses qu'il n'en saurait tenir dans les étroites bornes de notre mentalité, voilà, Messieurs, le « subjectivisme », et voilà, je le répète, l'une des pires erreurs ou des pires maladies de notre temps. Ai-je besoin de vous montrer qu'il n'y en a pas de plus contraire à l'esprit du catholicisme (1) ?

____

(1) Je n'ai pas besoin non plus de rappeler qu'autant il est contraire à l'esprit du catholicisme, autant ce subjectivisme est favorable à l'esprit du protestantisme.

Eh bien ! Messieurs, contre ce subjectivisme universitaire, cousinien, et prétendû-
ment ou faussement spiritualiste, ce que le
positivisme est venu fortement établir ou
rétablir, c'est le caractère extérieur ou
« objectif » de la vérité. La vérité n'ha-
bite pas en nous, mais en dehors de
nous. Elle ne dépend pas de l'évidence
que nous lui attribuons, et encore bien
moins de l'assentiment ou de l'adhésion
que nous lui donnons. Il n'importe pas
au mouvement de la terre que nous
nous sentions tourner avec elle. Il n'importe pas à la réalité de la vie que nous
soyons, aujourd'hui même, incapables de la
comprendre, ou même seulement de la défi-

Si les communions protestantes, ou les « dénominations »,
comme on les appelle en Amérique, ont quelque lutte à soutenir,
c'est contre la tendance de leurs fidèles à ne prendre que ce
qu'ils veulent du symbole constitutif de la « dénomination ».
De trente-neuf articles, l'un en admet trente-huit et repousse le
dernier, à moins qu'il en repousse trente-huit et n'en retienne
qu'un. Mais inversement, l'un des dangers contre lesquels il
faut que l'autorité suprême lutte incessamment dans le catholicisme, c'est la tendance des fidèles à « objectiver », pour s'en
faire un article de foi, toutes les opinions qu'ils entendent
exprimer par leurs prédicateurs.

nir (1). Il n'importe pas à l'autorité de la loi morale que nos instincts ou nos appétits se révoltent et s'insurgent contre ses prescriptions. Commençons donc par faire abnégation ou abdication de notre sens propre. Sortons de nous-mêmes ; observons, comparons et classons. « *Nosce te ipsum,* Connais-toi toi-même » : disait la sagesse antique : c'est un excellent précepte de morale ; ce n'est pas un moyen d'investigation scientifique. Ne nous interrogeons pas nous-mêmes, mais plutôt la nature et l'histoire. Demandons la science des faits à la connaissance des faits ! Aucun savant n'a jamais rien tiré de la contemplation de son nombril ; et peut-être, sous le soleil de l'Inde, quelque ascète en a-t-il vu sortir une fleur idéale de lotus, la fleur de l'oubli, de l'illusion et du rêve, mais jamais une parcelle ou un commencement de vérité. C'est ce que le positivisme

(1) Est-ce l'Académie de Médecine, est-ce l'Académie des Sciences qui n'a pas pu décerner encore un prix fondé pour le savant qui découvrirait les signes de la mort certaine ?

est venu nous enseigner ; c'est, Messieurs, ce qu'il enseigne tous les jours à ceux qui le comprennent ; c'est le premier de ses enseignements que nous devions nous approprier. Nous n'avons pas, nous ne pouvons pas avoir de meilleur allié que lui dans la lutte nécessaire contre le subjectivisme ; nous ne triompherons du subjectivisme que dans la mesure où nous reprendrons les positions du positivisme ; et j'estime, Messieurs, qu'en attaquant le positivisme, c'est d'abord ce que l'on n'a pas assez dit.

On n'a pas non plus assez dit ce qu'était sa méthode, en tant qu'elle consiste à ne jamais conclure au delà du fait même, et, par conséquent, à retenir le fait avéré, quoiqu'il en semble contredire un autre, ou que soi-même on ne le comprenne pas. Littré, dans son *Introduction* à la *Vie de Jésus*, de Strauss, et Renan, dans la suite entière de ses *Origines du Christianisme*, ont encore outrageusement défiguré ce principe ! A des faits avérés, et de certitude historique certaine, ils ont opposé les « lois de la nature », et leur incapacité personnelle de concevoir le « surnaturel » (1). C'est toujours du subjectivisme. Et je ne discute pas plus à fond la question de savoir s'ils ont interprété correctement ou non la pensée d'Auguste Comte ! La question ne m'intéresse pas : elle ne regarde aujourd'hui que les historiens de la

(1) On disait à Renan, comme à Littré : « La preuve que le Christ était Dieu, ce sont ses miracles », et pour préciser par un trait : « C'est la résurrection de Lazare ou celle du fils de la veuve de Naïm. » A quoi Littré et Renan répondaient : « Il ne se peut ; et les lois de la nature s'opposent à ce que Dieu même ressuscite un mort. »

Mais qu'en savaient-ils ? c'est-à-dire : 1° D'où savaient-ils ce qui est « possible » ou « impossible » à Dieu ? 2° Comment s'étaient-ils assurés de la fixité des « lois de la nature » ? 3° Qu'entendaient-ils par ce mot de « nature » ? Ici, comme ailleurs, nous soutenons, nous, qu'aucune opinion préconçue ne saurait prévaloir contre le fait dûment établi. Toute la question est donc de savoir dans quelles conditions le miracle a eu lieu. Et si ces conditions nous obligent d'en reconnaitre l'authenticité, ce que nous pouvons uniquement prétendre, c'est que nous ne comprenons pas, nous ne nous expliquons pas le fait, notre science ne nous en rend pas compte ; mais nous n'avons pas, *scientifiquement*, le droit de le nier, pas plus que nous ne l'avons, *métaphysiquement*, de réduire la puissance de Dieu à ce qu'il en peut entrer dans notre intelligence, et, pour en revenir à notre point de départ, pas plus que nous l'avons, *logiquement*, de répondre à la question par la question.

C'est ce que font cependant les Renan et les Littré, quand ils disent qu'un « miracle » ne saurait prouver Dieu, attendu qu'ils n'ont jamais vu, eux, Littré et Renan, de « miracle ».

philosophie. Mais je dis, Messieurs, que, pour établir quoi ? l'authenticité des Évangiles ou celle des miracles qui s'y trouvent rapportés, nous n'avons pas besoin d'une autre méthode que celle du positivisme. Accepter les faits tels qu'ils nous sont donnés par l'expérience ou par l'histoire ; ne jamais leur faire violence, ni même les « solliciter » pour les incliner dans le sens de nos théories ; ne pas nous imposer à eux, mais les laisser s'imposer à nous ; attendre patiemment que les rapports qui les lient se dégagent de leur rapprochement, si c'est bien la méthode positive, j'ose dire, Messieurs, que la solidité n'en a que la fécondité de comparable ; et quels maladroits ou quels imprudents nous serions si nous ne la sauvions pas du naufrage de la doctrine !

Mais la doctrine a-t-elle fait naufrage ? et si nous en retranchons ce que la folie finale du philosophe y a mêlé d'extravagantes rêveries, n'en retiendrons-nous pas les conclusions essentielles ? Ses disciples, ici encore, ont coupé son système en deux. Si cependant il a enseigné que le véritable progrès, et, — ne nous lassons pas de le dire, — le seul qui soit digne de ce nom, est le progrès moral ; que la science ne devait se proposer d'autre objet que de le réaliser ; et que toute philosophie ne saurait avoir de plus haute ambition que de se terminer à la morale, qu'il appelait seulement du nom de *sociologie,* est-ce que ce n'est pas, Messieurs, ce que nous croyons comme lui ? Est-ce que nous ne croyons pas, comme lui, que l'une des causes, et non la moins active, des maux dont nous souffrons toujours, en ce début de siècle, c'est l'excès de l'individualisme et l'oubli de cette solidarité qui relie, non seulement à travers l'espace, mais aussi dans l'infini du temps, les vivants aux vivants, et ces vivants aux morts ? Le sentiment de la tradition et de la continuité, mais le fondateur du positivisme l'a eu, vous le savez, jusqu'à ne faire de l'humanité tout entière qu'un seul être,

« le Grand Être », et jusqu'à lui consacrer les formes mêmes du culte qu'il dérobait
à Dieu ! Ne serons-nous pas encore de son
avis, n'en sommes-nous pas quand il proclame
la nécessité d'un « pouvoir spirituel », et
qu'il nous montre, dans l'absence ou dans la
suppression de ce pouvoir, l'origine de tout
ce qu'on nomme du nom d' « anarchie » ? Et,
j'avais l'occasion d'en faire tout récemment la
remarque, s'il a mieux défini que personne,
dans son *Système de politique positive,* je
veux dire mieux qu'aucun philosophe ou libre
penseur, le concept de « Religion », hésite-
rons-nous à le lui reprendre pour l'épurer,
le compléter, et le « christianiser » (1) ?

Et ne me dites pas, Messieurs : « Voilà
qui va bien ; mais, au milieu de tout cela,
que faites-vous de cette hostilité contre le
christianisme qui a été si longtemps l'âme du
positivisme ? ou par hasard la nierez-vous ? »
Non, je ne la nie pas ; mais je n'y attache pas

(1) Voyez, dans la *Revue des Deux Mondes* du 15 novembre
1901, l'article intitulé : *Voulons-nous une Eglise nationale ?*

autrement d'importance, ou plutôt, s'il est vrai qu'à beaucoup d'égards, et je vous en ai donné la raison, le positivisme ne soit qu'une laïcisation du christianisme, je vous propose, Messieurs, de travailler à la « christianisation » du positivisme ; et j'ai tâché de vous montrer que l'entreprise n'en était pas irréalisable. Reprenons d'abord notre bien dans le positivisme ! Mais ensuite, et puisqu'il s'agit ici du plus grand philosophe que la France ait connu depuis Descartes, si peut-être il avait ajouté quelque chose à ce qu'il nous empruntait, ne faisons pas les dégoûtés, — passez-moi l'énergie familière de l'expression, — et approprions-le-nous à notre tour. C'est ce que j'appelle, Messieurs, se servir de ses adversaires. Et peut-être encore, étant parti, non seulement de principes très différents des nôtres, mais d'intentions tout à fait contraires, si le positivisme n'en a pas moins été contraint plus d'une fois d'aboutir aux mêmes conclusions, qui de vous ne voit ou ne sent quelle en deviendra la force ou l'autorité de ces conclusions?

Assurément, il y faudra des précautions, de la prudence, de la défiance même. Quoi que l'on ait conté des négociations que le fondateur du positivisme aurait entamées avec la Compagnie de Jésus, rien ne serait plus hasardeux, ni d'ailleurs plus vain, que de vouloir transformer son œuvre en une apologie du christianisme. Je ne fais pas d'Auguste Comte un « Père de l'Église ». Je sais fort bien qu'en un sens le positivisme n'est rien de moins ni d'autre qu'un essai pour se passer de Dieu. Mais il est intéressant de noter d'abord que l'essai n'a pas réussi, et de dire ou de chercher pourquoi. Il est encore plus inté-ressant d'opposer le positivisme à lui-même, de le « froisser avec ses propres armes », selon la forte expression de Pascal. Et ce qui est enfin tout à fait intéressant, à mesure que la doctrine subit l'épreuve du temps, que les parties caduques s'en détachent comme d'elles-mêmes, que la distinction s'opère pro-gressivement entre ce qu'elle contenait d'accessoire ou d'essentiel, de secondaire ou de principal, de superficiel ou de profond et, en quelque manière, d'intime, c'est de voir qu'à mesure aussi s'en dégage et s'en éclaircit la signification sociale et religieuse. Il y a, il peut y avoir un « Positivisme chrétien », je crois même que quelqu'un s'est déjà servi de ce titre (1) ; et, à la condition de la bien expliquer, mais surtout de la bien préciser, j'espère que de jour en jour on verra mieux désormais l'intérêt de la formule.

III

Ce qui ne contribue pas médiocrement à me le faire espérer, c'est que les circonstances ont rarement été plus favorables, et surtout une d'entre elles, que nous pouvons appeler la « défaite » ou la « déroute » du rationalisme. Vous remarquerez, Messieurs, que je ne vous parle à cette occasion ni de « néo-

(1) Voyez le livre de M. André Godard sur le *Positivisme chrétien*. Paris, 1900, librairie Bloud.

christianisme » ni de « néo-bouddhisme » ! Ce n'étaient là qu'amusements ou fantaisies de dilettantes qui jouaient à la religion ; et je m'étonne qu'on ait pu les prendre un moment au sérieux. Mais ce que les progrès eux-mêmes de la science ont fermement établi, c'est que la raison ne nous donne, si je puis ainsi dire, la raison suffisante ou dernière de rien, et que, bien loin qu'il « n'y ait plus de mystères », au contraire, nous en sommes comme enveloppés. Si le mot d'*irrationnel* est synonyme, comme je le crois, non pas du tout, Messieurs, de *déraisonnable* ou d'*absurde,* mais d'*inexplicable* ou d'*inaccessible* à l'effort de la raison, on convient généralement, entre gens de bonne foi, qu'il y a de l'*irrationnel* au fond ou à la base de tout (1). Et ceci ne va pas du tout à proscrire l'usage

(1) C'est ce que j'ai tâché de montrer dans une *Préface* que j'ai mise à la traduction française du livre de M. J.-A. Balfour sur *Les Bases de la Croyance ;* et aussi, depuis lors, dans un *Discours* prononcé à Besançon sur : *Le Besoin de croire.* On voudra bien d'ailleurs se rappeler qu'il n'y a rien là de « paradoxal », ni même d' « original », puisqu'enfin c'est sur l'existence de cet *irrationnel* que se fonde toute la théorie d'Herbert Spencer sur *l'Inconnaissable.*

de la raison, ainsi qu'il se trouvera de bons plaisants pour me le faire dire, mais seulement à faire entendre qu'on peut abuser d'elle comme des meilleures choses, et que son pouvoir a des bornes. N'est-ce pas de quoi tout le monde tombe aujourd'hui d'accord? Toute la question est donc de savoir de quel nom nous nommerons cet « inexplicable » ou cet « irrationnel », et puisqu'on semble avoir une tendance à le nommer du nom d'*Évolution,* je voudrais vous montrer, Messieurs, non seulement qu'il ne nous faut pas avoir peur de ce mot, mais qu'il nous appartient de dissiper ou de redresser les fausses interprétations qu'on en donne, et de faire à son tour servir l'évolutionnisme au progrès de l'apologétique.

IV

Je ne remonterai pas pour cela jusqu'à l'origine des choses, et c'est à peine si j'insisterai sur les remarquables endroits de leurs

œuvres où un Renan, par exemple, et même
un Haeckel ont, à leur manière, assez
inattendue, justifié, contre les chicanes d'une
vaine exégèse, le récit biblique de la création. « Dans le récit mosaïque de la création, dit Haeckel, deux des plus importantes propositions fondamentales de la
théorie évolutive se montrent à nous avec
une clarté et une précision surprenantes :
ce sont l'idée de la division du travail ou de la
différenciation et l'idée du développement
progressif ou du perfectionnement. » On lit
d'autre part, dans l'*Histoire d'Israël,* un
passage curieux sur « le génie des Darwin
inconnus », — c'est l'expression même de
Renan, — qui les premiers ont conçu cette
idée « que le monde a un *devenir,* une
histoire, où chaque état sort de l'état anté-
rieur par un développement organique » ;
et ces Darwin, selon sa supposition, ce
sont précisément les rédacteurs de la *Genèse.*
Et je n'ai garde, Messieurs, de donner à
ces aveux plus de portée qu'ils n'en ont!

Je ne veux pas essayer d'en tirer plus de
conséquences qu'ils n'en contiennent ! Mais
n'ai-je pas le droit de les retenir, et, comme
on dit, d'en faire état ? Admettons que l'évolution soit plus qu'une hypothèse. Il ne m'est
pas indifférent, il ne peut pas nous être indifférent que les « propositions fondamentales
les plus importantes de la théorie » se montrent à nous dans la *Genèse* « avec une clarté
et une simplicité surprenantes », et qu'ainsi,
dans ses grandes lignes, le récit mosaïque de
la création concorde avec les conclusions de
la science la plus moderne, pour ne pas dire
la plus avancée. C'est, à peu près, vous le
voyez, Messieurs, ce que nous disions tout
à l'heure de quelques-unes au moins des
conclusions du positivisme :

Quum flueret lutulentus, erat quod tollere velles.

De même que dans le positivisme, il y a
du bon dans l'évolutionnisme, et on peut se
proposer de l'en dégager.

Mais une autre observation vous frappera

peut-être davantage. C'est le nom de Charles Darwin qui est présentement, et à bon droit, inséparable de l'idée d'Évolution, mais, dix ou douze ans avant Darwin, — dans un livre qui fit presque autant de bruit à son heure que le livre fameux de l'*Origine des Espèces,* — un autre Anglais, qui n'était pas un naturaliste, avait déjà plus qu'entrevu toute la fécondité de l'idée : je veux parler de celui qui devait être un jour le cardinal Newman, et du livre auquel il a donné le titre d'*Essai sur le développement de la doctrine chrétienne.* Vous en connaissez sans doute la thèse essentielle. « Je soutiens, y disait l'auteur, qu'en raison de la nature de l'esprit humain, le temps est nécessaire pour l'intelligence complète et le perfectionnement des grandes idées, et que les vérités les plus élevées, encore que communiquées au monde une fois pour toutes par des maîtres inspirés, ne sauraient être comprises tout d'un coup par ceux qui les reçoivent. » N'est-ce pas là, Messieurs, toute l'évolution ? « *Il y a*

temps pour tout », selon le mot même de l'Ec-
clésiaste ! « L'oiseau en état de voler diffère
de la forme qu'il avait dans l'œuf. Le papil-
lon est le développement, mais, en aucune
manière, l'image de sa chrysalide. La baleine
est classée parmi les mammifères et, cependant, nous devons penser qu'il s'est opéré
chez elle quelque étrange transformation
pour la rendre à la fois si semblable et si contraire aux autres animaux de sa classe. »
C'est toujours Newman qui parle, Messieurs,
et non Darwin, — on pourrait, en effet, s'y
tromper ; — et Darwin ira sans doute plus
loin ; mais, tout justement, c'est en allant
plus loin qu'il faussera la doctrine et que ses
disciples, à leur tour, en compromettront
jusqu'à la vérité (1).

(1) On ne saurait, en effet, distinguer assez soigneusement
l'*Evolution* proprement dite de tout ce qui n'est pas elle, et
notamment, dans le livre de Darwin lui-même, il faut faire
attention de ne pas la confondre avec les conclusions qu'il en
tire sur l'origine des espèces.
Ce que ce livre justement célèbre a mis en lumière, c'est
le fait même de l'évolution, et ce sont les moyens, ou quelques-uns des moyens de l'évolution : concurrence vitale, sélection naturelle, hérédité des caractères acquis, etc. Mais ce

Précisons donc, Messieurs, à l'exemple de Newman, le sens et la portée de ce mot d'*Évolution ;* efforçons-nous, comme lui, de

qu'il n'a pas du tout établi, c'est que les effets de l'évolution s'étendissent au delà de certaines bornes, strictement définies, et qu'aucune espèce, animale ou végétale, en fût devenue jamais une autre. Il ne l'a pas établi davantage dans ses *Variations des animaux et des plantes* ou dans sa *Descendance de l'homme ;* et cette seule observation, dont je ne crois pas que l'on puisse contester la vérité, suffit pour infirmer les généralisations plus vastes que les Spencer, les Haeckel et les Huxley ont comme superposées aux conclusions de Darwin. On peut, si l'on le veut, les admettre en tant que spéculations ou systèmes philosophiques, de la manière que les uns admettent le positivisme jusqu'en ses conclusions, et les autres une autre doctrine ; on ne peut les admettre en tant qu'hypothèses scientifiques, et on garde le droit de les séparer des faits sur lesquels sans doute elles se fondent, mais qu'elles dépassent. En d'autres termes encore, il ne nous est pas permis d'introduire sous le nom d'*Evolution* des idées que n'auraient pas exprimées les maîtres de la doctrine, et même nous devons prendre garde à respecter les liaisons qu'ils ont établies entre ces idées. Mais, évidemment, il n'y aurait plus de critique, si nous étions tenus d'adopter toutes les idées qu'ils ont émises, fût-ce à titre de docteurs de l'*Evolution ;* et au contraire, dans la suite de leurs inductions, là où il nous paraît que manque la démonstration, nous sommes tenus de suspendre ou de refuser notre assentiment.

Je ne craindrai pas d'ajouter qu'en pareille occurrence, et quoique n'étant ni zoologistes ni physiologistes, c'est nous pourtant qui nous conformerons aux exigences de la méthode scientifique, et ce seront les savants qualifiés qui les violeront. Cela se voit aussi bien quelquefois, cela s'est vu dans l'histoire, et presque aussi souvent qu'un savant est sorti de sa spécialité pour essayer d'écrire son *De natura Rerum.* « Diverses sortes de sens droit, a dit à ce propos Pascal ; les uns dans un certain ordre de choses, et non dans les autres, où ils extravaguent. »

définir les caractères d'un développement légitime ; et surtout ne confondons pas le progrès naturel de l'être ou de la chose avec une métamorphose qui n'en serait, de son vrai nom, que l'anéantissement. Mais, encore une fois, n'ayons pas peur du mot. Réglons-en l'emploi, mais n'en ayons pas peur ! Ne l'abandonnons pas à ceux qui n'en font qu'un usage… abusif. J'en reviens encore au *Sermon sur la Providence*, puisque aussi bien dans tout ce discours je ne fais qu'en paraphraser l'éloquent exorde. Ne nous contentons pas de détruire « les forteresses de Samarie », bâtissons-en celles de Juda ! Enlevons à l'ennemi les positions dominantes que nous lui avions laissé prendre, et de là, dominons-le nous-mêmes à notre tour. Et, de cette tactique, si vous me demandez les résultats que j'en espère, je crois, Messieurs, que je puis encore ici vous en indiquer quelques-uns.

Par exemple, j'ose à peine m'aventurer sur le terrain de l'exégèse, et je déclare que, si j'y fais quelque faux pas, je ne demande

qu'à être redressé. Mais, si l'on considérait
la révélation, d'abord complète en sa substance et totale en son fond, comme succes-
sive en ses manifestations et mesurée par
son auteur au progrès successif de l'intelligence humaine, est-ce que l'on aurait encouru
le reproche d'erreur ou de témérité ? Puisque
l'histoire du peuple de Dieu tombe dans la
chronologie, est-ce qu'il serait téméraire de
croire que la vérité révélée, toujours identi-
que en son fond, s'est éclaircie, précisée,
développée dans sa forme, du *Pentateuque*
aux *Prophètes,* et des *Prophètes* à l'*Évangile ?*
S'il y a dans l'Évangile des parties plus obscures, est-ce qu'il serait erroné de croire
que l'autorité du siège de saint Pierre a été
constituée parmi les hommes pour les guider
dans le jour incertain de ces parties obscures,
et précisément parce qu'il y en a ? Puisque
le Christ a promis lui-même à son Église
d'être toujours présent au milieu d'elle, est-
ce qu'il n'est pas permis de croire que justement c'est parce qu'en tout temps elle aura

toujours besoin de lui, non seulement pour assurer, mais aussi pour étendre, pour propager, pour promouvoir son action ? Je ne me permets pas, Messieurs, de trancher ces questions : je les pose. Mais vous voyez peut-être par elles ce que la théorie générale de l'évolution pourrait nous rendre de services. Il y a une manière de poser les questions qui les renouvelle, et la réponse décisive qu'on y fait ne dépend de rien tant que de la méthode qu'on applique à leur discussion (1).

Dans un autre ordre d'idées, un peu différent, une difficulté qu'on éprouve, c'est de concilier l'immutabilité du dogme avec la possibilité du progrès dans le christianisme ; et, en effet, si « la vérité venue de Dieu a d'abord toute sa perfection », comment concevrons-nous que le temps y puisse ajouter quelque chose ? Il me semble, Messieurs, que la

(1) Si j'étais bien sûr de ne pas altérer, dénaturer, ou fausser sa pensée, je dirais volontiers que je crois avoir emprunté l'idée de ce développement à la dernière lettre de l'archevêque d'Albi, Mgr Mignot. Mais il s'agit ici de choses délicates, et c'est pour cette raison qu'en avouant l'emprunt, je crois devoir dire que peut-être l'ai-je fait maladroitement.

théorie de l'évolution nous offre un moyen de lever l'obstacle. Un philosophe a jadis essayé de nous dire : *Comment les dogmes finissent*, et un autre philosophe s'est efforcé de montrer : *Comment ils renaissent ;* la théorie de l'évolution nous enseigne : *Comment les dogmes vivent ;* — je n'ose dire encore, et de peur d'être mal compris : *Comment les dogmes évoluent.* C'est sans doute qu'il y a plus de choses dans un dogme que nous n'en saurions concevoir. Le premier qui vit un gland se fût-il attendu qu'il en sortît un chêne ? et, inversement, le premier qui vit un chêne eût-il cru qu'il sortît d'un gland ? Le chêne était pourtant dans le gland, et c'est bien le gland qui est devenu chêne. Est-ce qu'il a changé de nature ? Mais, au contraire, vous le savez, il a réalisé sa loi. Pareillement les dogmes : ils sont toujours en substance tout ce qu'ils seront, et cette substance ne variera pas. Mais ce sont des hommes qui reçoivent ou qui conçoivent les dogmes ; ce sont des êtres contingents, et ce sont des êtres successifs ; ce sont aussi des intelligences à qui les mêmes vérités n'apparaissent pas toujours sous le même angle, ne s'imposent pas pour les mêmes raisons, ne se persuadent pas toujours par les mêmes moyens. La vie du dogme et le· progrès intellectuel dans le christianisme consistent donc ainsi dans une perpétuelle « adaptation » des mêmes vérités à des exigences nouvelles ; et, Messieurs, n'est-ce pas là toute l'apologétique et, en un certain sens, toute la théologie ? *Multæ sunt mansionis...* Il y a plus d'une station, il nous faut nous arrêter plus d'une fois dans notre marche vers la vérité ! Si l'on entend autrement l'évolution du dogme, nous avons le droit de l'entendre ainsi. Et vous voyez que, bien loin que l'immobilité du dogme en soit compromise ou le progrès intellectuel empêché, la théorie de l'évolution les assure l'un par l'autre, en les faisant dépendre l'un de l'autre.

Que dirai-je maintenant, Messieurs, après l'exégèse et la théologie, si je voulais aborder la morale ; et ne savez-vous pas de reste quel parti nous pourrions tirer de la théorie de l'évolution contre la funeste doctrine de la « bonté naturelle de l'homme ». *Vitium hominis, natura pecoris,* a dit saint Augustin, « ce qui est vice ou péché dans l'homme est nature en l'animal » ; et, ce que la doctrine de l'évolution s'est efforcée d'établir, c'est que nous devenions hommes précisément dans la mesure où nous nous dégagions de l'animalité primitive. De telle sorte que, ce que la religion explique par la transmission du péché, la doctrine évolutive l'explique par un réveil ou par une persistance en nous de l'animal dont elle nous fait descendre ; et, de tous nos dogmes, l'un de ceux que l'optimisme de nos philosophies d'État a le plus imprudemment combattus, il se trouve, Messieurs, qu'à sa manière, c'est donc la science qui le confirme (1). Nous lui devons encore,

(1) Je demande encore ici que l'on m'entende bien. Je ne prétends donc pas que nous descendions du « gorille lubrique et féroce » dont parle quelque part le grand écrivain qui a rendu l'expression proverbiale, ou ce « gorille » et nous d'un

— c'est toujours de l'évolution que je parle,
— cet autre et non moins insigne service
d'avoir ébranlé le dogme, philosophique et
laïque celui-ci, du progrès à l'infini, du
progrès continu, du progrès qui rendra
quelque jour l'homme semblable à Dieu
même. Combien sont-ils aujourd'hui qui
continuent d'y croire? Et si le nombre en
diminue, pour ainsi dire, à vue d'œil, nous
le devons à l'enseignement des évolution-
nistes sur l'instabilité des caractères acquis,

ancêtre commun. Et je ne fais pas non plus de la théorie de la
descendance animale l'analogue ou l'équivalent du « péché ori-
ginel ». Mais je dis que, ce que la doctrine chrétienne explique
par le péché du premier ancêtre, il se trouve que l'évolution
l'explique par la transmission d'un héritage animal que des mil-
liers de générations auraient fixé ; et ceci vaut déjà la peine
d'être noté. Je dis que, si ce qui est vice en l'homme n'est que
nature en l'animal, — et, en effet, un tigre n'est pas *cruel,* il est
un tigre, un bouc n'est *lascif,* il est un bouc, — l'hypothèse évolutive vient fortifier d'une autorité d'ordre scientifique l'enseignement chrétien sur la malice originelle ; et ceci encore est précieux.
Et je dis enfin que si, de tous nos dogmes, un de ceux que l'optimisme classique a le plus combattu se trouve confirmé par la doctrine évolutive, il n'en est pas pour cela plus assuré — sa certitude et son autorité dérivant pour nous d'une autre source, —
mais c'est donc que nos dogmes contiennent plus de substance
qu'on ne le croit quelquefois ; ils sont riches de plus de conséquences ; et nous pouvons les approfondir sans crainte d'en
altérer ou d'en épuiser la notion.

sur les phénomènes de dégénérescence et de régression (1).

Ne nous enseignent-ils pas aussi qu'il y a des « causes finales » ? Et je conviens d'ailleurs qu'ils ne les entendent ni comme Bernardin de Saint-Pierre, ni même comme Fénelon, mais ils les reconnaissent pourtant, et que ce n'est pas la nature d'un organe qui nous en explique la destination, mais la destination qui en éclaire

(1) Répétons ici ce qu'on ne saurait trop redire. La sélection naturelle, entendue à la manière de Darwin ou d'Haeckel, n'opère pas toujours, ni même peut-être ordinairement au profit du « meilleur », mais du « plus apte », ce qui n'est pas du tout la même chose ; et en effet, comme l'a dit quelque part Huxley, rien n'est plus facile que de supposer une modification de la température du globe qui ne laisserait de chances de survie qu'aux organismes les plus inférieurs. L'aptitude évolutive ne doit donc pas s'entendre absolument, ni surtout du point de vue qu'on appelle *anthropocentrique*, mais relativement à des circonstances très nombreuses, très complexes et très variables. C'est en cela que la doctrine de l'évolution, comme je l'ai dit bien des fois déjà, non seulement n'est pas la théorie du progrès, mais au contraire s'y oppose, la contrarie, et la limite. Otez l'idée de Dieu : il se pourrait que le train de l'univers s'acheminât tout aussi bien vers quelque cataclysme épouvantable que vers les paradis industriels, et artificiels, dont la science berce notre espoir. Et puisque peu de gens paraissent s'en douter, même parmi ceux qui se réclament de l'évolution, j'ai pensé qu'il ne saurait être mauvais de les en avertir. Scientifiquement parlant, nous vivons sous la tente et le dernier jour viendra comme un voleur.

pour nous la nature. Veulent-ils dire autre chose, Messieurs, quand ils disent que « la fonction crée l'organe » ? et que ni nous n'avons peut-être des yeux *pour* voir, ni nous ne voyons *parce que* nous avons des yeux, mais il se fait une accommodation ou une adaptation perpétuelle de l'organisation de l'appareil optique aux exigences du besoin de voir (1).

V

Tels sont, Messieurs, quelques-uns des « motifs d'espérer » que je voulais aujourd'hui vous soumettre. Vous le voyez, ils sont tous de l'ordre intellectuel, et je vous ai dit les raisons que j'avais de les développer par

(1) La « cause finale » ne serait-elle pas d'ailleurs inséparable de l'idée même d' « organisme » ? C'est sans doute une question qui vaudrait la peine d'être examinée de près. Et s'il arrivait qu'on la décidât par l'affirmative, la « cause finale », dont on s'est tant moqué, retrouverait nécessairement, à mesure du progrès des sciences biologiques, l'importance dont elle n'a jadis été dépossédée que par l'empirisme de Locke et le mécanisme de Descartes.

préférence à d'autres. C'est aux intellectuels
que nous avons surtout affaire ; c'est eux qui
nous opposent leurs « motifs d'espérer » ;
c'est donc eux surtout qu'il nous faut combattre. J'ai tâché de vous montrer que nous
le pouvions, et non pas sans espoir de succès.
Une réaction s'opère dans le monde où l'on
pense, et je ne dis pas que l'on y soit favorable ou défavorable au christianisme, — cette
expression, trop générale, ne voudrait pas dire
grand'chose, — mais on tombe d'accord, par
exemple, qu'il n'y a rien de plus ruineux que
le roman que Renan nous a raconté sous
le titre des *Origines du christianisme,* si ce
n'est celui qu'avait imaginé, sous le nom de
de la *Vie de Jésus,* David-Frédéric Strauss.
C'est encore ainsi que, dans les milieux où
l'on ne parlait, au temps de ma jeunesse, que
de l'immutabilité, de la fixité, de l'univer-
salité des « lois de la nature », on parle aujourd'hui couramment de leur « contingence »
ou de leur « relativité ». Des portes mêmes
se rouvrent, si je puis ainsi dire, à la notion

du « surnaturel », et, tandis, il s'en ferme d'autres à l'explication naturaliste et rationaliste de l'univers. Lisez et relisez à ce sujet le livre de M. J. A. Balfour sur *Les Bases de la Croyance* ou celui de M. Benjamin Kidd sur l'*Évolution sociale* (1). Ce nous sont là, Messieurs, autant de motifs d'espérer. Il nous appartient de savoir en profiter, et, dans la mesure où je les entrevois, un peu confusément encore, j'ai tâché, selon mes forces, de vous en indiquer les moyens.

Et j'aurais fini, s'il m'était permis aujourd'hui de finir sans me rappeler en quel lieu je parle, dans cette grande cité de Lyon, qui fut le berceau du christianisme dans les Gaules, et sur ces pentes de Fourvières, où s'élevait l'amphithéâtre qui vit couler le sang de nos premiers martyrs. Souvenons-nous donc, Messieurs !

C'était en l'an 177, et le monde était

(1) Je recommande surtout à l'attention des lecteurs le second de ces deux livres, qui ne me semble avoir fait en France, depuis qu'on l'a pourtant traduit, ni le bruit ni surtout la fortune qu'il mériterait.

gouverné par cet empereur philosophe dont
nous avons pris l'habitude un peu niaise de ne
prononcer le nom de Marc-Aurèle qu'avec un
tremblement de respect et de vénération (1).

(1) L'histoire des « Martyrs de Lyon » a été contée par
Ernest Renan, avec une émotion communicative, dans le dernier volume de ses *Origines du Christianisme*, qui est en
même temps celui qu'il a consacré, comme l'on sait, à la glo-
rification et à l'apothéose de l'empereur Marc-Aurèle. Mais
quelque sincère admiration qu'il éprouve pour ses martyrs, il
en ressent une bien plus vive encore, et surtout plus sympa-
thique, pour l'empereur philosophe, dont on peut dire qu'il a fixé
la physionomie dans la mémoire des « intellectuels » de notre
temps.

A ce portrait de fantaisie, qu'il n'a tracé si complaisamment
qu'avec l'intention de nous montrer dans un païen la réalité de
la plupart des vertus dont l'histoire fait généralement honneur
au christianisme, je n'opposerai pas la caricature passionnée que
le R.P. Albert-Maria Weiss, — dans sa grande *Apologie du
Christianisme*, — nous a donnée du mari de Faustine et du
père de Commode. Mais je me contenterai de reproduire le
jugement du savant auteur de l'*Essai sur la métaphysique
d'Aristote*, Félix Ravaisson, l'un des hommes qui sans doute
ont le mieux parlé du stoïcisme, et des opinions duquel on est un
peu surpris que Renan, son confrère de l'Académie des Inscrip-
tions, n'ait pas cru devoir tenir plus de compte. Il vient de
parler d'Epictète, et comparant la philosophie de l'Empereur à
celle de l'esclave, il continue :

« Dans l'âme de Marc-Aurèle, retirée en elle et en deçà pour
ainsi dire de la région de l'action et de la volonté même, on ne
découvre plus qu'un sentiment de tristesse et de décourage-
ment qui répand sur toutes ses pensées une teinte uniforme de
mélancolie. Le grand Brutus, désabusé des promesses de la
sagesse stérile à laquelle il avait tout sacrifié, s'était écrié, au
moment de se donner la mort, avec l'Hercule d'Euripide expi-
rant sur l'Œta : « Malheureuse vertu, tu n'étais qu'un nom, et
moi je m'attachais à toi comme si tu avais été une réalité : tu

Nous récompensons ainsi, nous autres gens de lettres, les soldats qui ont fait « de la copie » sous la tente ! Mais sa philosophie ne lui avait pas appris la tolérance, et, de toutes les persécutions qui se fussent encore déchaînées contre le christianisme, aucune, vous le savez, n'avait été plus furieuse que celle que

n'étais pourtant qu'une esclave de la fortune. » Cette plainte,... le stoïcien Marc-Aurèle, s'il était sincère avec lui-même, la laisserait échapper sans doute. Mais, chez l'empereur philosophe, l'orgueil couvre comme il peut la peine de l'âme : orgueil qu'atteste si naïvement le préambule de ses *Pensées,* où, sous couleur de rendre témoignage aux Dieux, à ses parents et à ses maîtres pour tout ce qu'il leur doit, il s'attribue, dans une interminable énumération, toutes les vertus et perfections imaginables, sans se trouver un seul défaut, sans se faire un seul reproche, et se peint comme une Pandore, ornée de tous les dons. »
Voilà, je crois, le vrai Marc-Aurèle, se consolant de la misère universelle dans la contemplation de soi-même, et se complaisant en lui comme au miroir de toutes les perfections. Si l'orgueil a été le défaut du stoïcisme, — et j'entends par là le principe qui en a comme stérilisé toutes les vertus, — Marc-Aurèle, qui est l'un des derniers, est sans doute aussi l'un des plus « accomplis » stoïciens. Ce n'est peut-être pas assez pour qu'on nous parle de sa « sainteté » comme Renan, ni qu'on célèbre en lui l'un des exemplaires les plus parfaits de l'humanité. Oserai-je ajouter que c'est une espèce d'outrage ou d'insulte au bon sens, dans un livre où l'on a décrit les épouvantables supplices d'un Ponticus ou d'une Blandine, que de consacrer tout un chapitre au « martyre intérieur » de Marc-Aurèle ? Il y a cependant quelque différence, quoi qu'on en puisse dire, à être tenaillé par les bourreaux dans le cirque et mis en pièces par les lions ou, comme le « noble empereur », à vivre en mélancolique époux d'une femme qui ne partage pas nos goûts.

décrétèrent les édits de ce saint laïque. Ce que vous savez encore mieux, c'est qu'en aucun lieu de l'empire, elle ne sévit plus cruellement qu'à Lyon, et qu'en aucun lieu, non plus, comme aussi bien il arrive toujours, pour l'honneur de l'humanité, de plus pures victimes n'opposèrent de plus beaux exemples d'héroïsme à de pires bourreaux. Le stoïque empereur en eut-il connaissance ? On aime à croire que non. S'il en eût eu connaissance, et, pour ne parler que de la seule Blandine, s'il eût su ce que cette enfant, cette esclave, cette servante avait surmonté de supplices, on aime à croire qu'il se fût interrompu de s'analyser soi-même pour essayer de comprendre autre chose... Ou plutôt non, Messieurs, il n'eût pas essayé de comprendre ! Un philosophe n'a pas besoin de comprendre : il sait et il explique aux autres ! Un empereur commande et on lui obéit : *de minimis non curat ;* que ferait-il des pensées d'une esclave ? Et cependant, Messieurs, l'esclave a vaincu l'empereur ;

c'est la religion de la servante qui a triom-
phé de la philosophie du maître du monde ;
et le sang de Blandine a enfanté plus de
chrétiens à la Gaule que l'épée de Marc-
Aurèle, sur les bords lointains du Danube, n'a
massacré de Quades et de Marcomans !
Sainte Blandine, si je l'osais, je voudrais
mettre aujourd'hui mes « motifs d'espérer » sous la protection de votre douceur
et de votre héroïsme (1) ! Mais si je n'ose
l'oser, vous comprendrez, Messieurs, vous
qui m'écoutez, que j'aie tenu du moins à re-
passer avec vous ces glorieux souvenirs ;
vous trouverez naturel que je me dise particulièrement heureux d'avoir parlé des
« motifs d'espérer » dans la ville où depuis
dix-huit cents ans on n'a jamais désespéré
du christianisme, pas plus aux jours de la

(1) Quelques journalistes ont cru devoir s'égayer de cette
invocation à sainte Blandine. Je les trouve bien aristocrates !
et j'eusse cru, je l'avoue, que, dans une démocratie, il était assez
naturel, puisque l'occasion s'en offrait, de placer nos espérances d'avenir sous le patronage, et d'en remettre la réalisa-
tion, pour ainsi dire, à l'intercession d'une servante autrefois
crucifiée par les bourreaux d'un fonctionnaire impérial.

Terreur qu'au temps de la persécution romaine ; et, quel que soit enfin l'acharnement de nos adversaires, le pouvoir dont ils disposent, l'autorité dont ils se vantent, la confiance qu'ils aient en eux-mêmes et dans la vertu de leurs armes, vous voudrez espérer avec moi que nous en triompherons, — puisque Blandine a vaincu Marc-Aurèle.

2106-01. — Imprimerie des Orphelins-Apprentis, F. BLÉTIT,
40, rue La Fontaine, Paris-Auteuil.